गौतम बुद्ध की कहानियाँ

अनबाउंड स्क्रिप्ट का उपक्रम

गौतम बुद्ध की कहानियाँ

प्रथम संस्करण - नवम्बर, 2024

ISBN : 978-81-981463-6-6

प्रकाशक : अनबाउंड स्क्रिप्ट
2/41, अंसारी रोड,
दरियागंज, दिल्ली-110002
वेबसाइट : www.unboundscript.com
ई-मेल : books@unboundscript.com
फोन नं. : 011-35807601

GAUTAM BUDDH KI KAHANIYAN
Retold *by* Kamini Gayakwad

प्रकाशक : विकास कम्पूटर एंड प्रिंटर्स
लोनी, गाज़ियाबाद

मूल्य : ₹ 125/-

गौतम बुद्ध की कहानियाँ

The kid books

अनुक्रम

भूमिका	7
वृक्ष का सम्मान	9
बुद्ध, आम और बच्चे	11
परिश्रम के साथ धैर्य भी	12
अमृत की खेती	13
मृत्यु के उपरान्त क्या ?	14
बुद्ध ने कहा-सबका हित करो	15
बुद्ध ने युवक को सत्संग का महत्त्व समझाया	17
बुद्ध के ज्ञान से सेठ ने पाया सुख	20
बुद्ध की शिक्षा से गाँव का उद्धार हुआ	22
कठोर वचन	27
मछुआरा बना चित्रकार	31

पहचान 35

इच्छाशक्ति 41

सिद्धार्थ और हंस 42

अंगुलिमाल और गौतम बुद्ध 45

गालियों का प्रभाव 52

धैर्य 53

कन्या अछूत नहीं 57

बीता हुआ कल 61

भूमिका

आज से लगभग ढाई हज़ार साल पहले जन्मे कपिलवस्तु के राजकुमार सिद्धार्थ के जन्म के समय ही यह भविष्यवाणी की गई थी कि यह बालक या तो चक्रवर्ती सम्राट बनेगा या बहुत बड़ा तपस्वी होगा-संसार को मार्ग दिखाएगा।

सिद्धार्थ अपनी जिज्ञासाओं और अपने करुण स्वभाव के कारण परिवार, राजसी जीवन और सभी सांसारिक सुख सुविधाओं से दूर होकर तपस्वी हुए और गहन अध्ययन, चिंतन के बाद बुद्ध कहलाए।

बुद्ध होने के बाद उन्होंने अपना पूरा जीवन लोगों को दया, करुणा और शान्ति के सन्मार्ग पर लाने में लगाया।

बुद्ध के जीवन से जुड़ी इन कहानियों में प्रकृति के विभिन्न पक्षों जैसे पानी, वृक्ष इत्यादि के बहाने दी गई शिक्षाएं तो हैं ही मानव स्वभाव के विभिन्न पक्षों जैसे क्रोध, हिंसा, दया, करुणा और विनम्रता से जुड़े ऐसे सरल प्रसंग भी हैं जो आज भी एक शांत और सच्चे सहजीवन की राह दिखाते हैं।

वृक्ष का सम्मान

गौतम बुद्ध एक दिन एक वृक्ष को नमन कर रहे थे। उनके एक शिष्य ने यह देखा तो उसे हैरानी हुई। वह बुद्ध से बोला-भगवन! आपने इस वृक्ष को नमन क्यों किया?'

शिष्य की बात सुनकर बुद्ध बोले- 'क्या इस वृक्ष को नमस्कार करने से कुछ अनहोनी घट गई?'

शिष्य बुद्ध का जवाब सुनकर बोला- 'नहीं भगवन। ऐसी बात नहीं है, किंतु मुझे यह देखकर हैरानी हुई कि आप जैसा महान व्यक्ति इस वृक्ष को नमस्कार क्यों कर रहा है? वह न तो आपकी बात का जवाब दे सकता है और न ही आपके नमन करने पर प्रसन्नता व्यक्त कर सकता है।'

बुद्ध हल्का-सा मुस्करा कर बोले- 'वत्स ! तुम्हारा सोचना गलत है। वृक्ष मुझे जवाब बोलकर भले न दे सकता हो, किंतु जिस प्रकार प्रत्येक व्यक्ति के शरीर की एक भाषा होती है, उसी प्रकार प्रकृति और वृक्षों की भी एक अलग भाषा होती है। अपना सम्मान होने पर ये झूमकर प्रसन्नता और कृतज्ञता दोनों ही व्यक्त करते हैं। इस वृक्ष के नीचे बैठकर

मैंने साधना की, इसकी पत्तियों ने मुझे शीतलता प्रदान की, धूप से मेरा बचाव किया। हर पल इस वृक्ष ने मेरी सुरक्षा की।

इसके प्रति कृतज्ञता व्यक्त करना मेरा कर्तव्य है। प्रत्येक व्यक्ति को प्रकृति के प्रति सदैव कृतज्ञ बने रहना चाहिये, क्योंकि प्रकृति व्यक्ति को सुंदर व सुघड़ जीवन प्रदान करती है। तुम ज़रा इस वृक्ष की ओर देखो कि इसने मेरी कृतज्ञता व धन्यवाद को बहुत ही खूबसूरती से ग्रहण किया है और जवाब में मुझे झूमकर यह बता रहा है कि आगे भी वह प्रत्येक व्यक्ति की हर संभव सेवा करता रहेगा।'

बुद्ध की बात पर शिष्य ने वृक्ष को देखा तो उसे लगा कि सचमुच वृक्ष एक अलग ही मस्ती में झूम रहा था और उसकी झूमती हुई पत्तियां, शाखाएँ व फूल मन को एक अद्भुत शांति प्रदान कर रहे थे। यह देखकर शिष्य स्वतः वृक्ष के सम्मान में झुक गया।

बुद्ध, आम और बच्चे

गौतम बुद्ध किसी उपवन में विश्राम कर रहे थे। तभी बच्चों का एक झुंड आया और पेड़ पर पत्थर मारकर आम गिराने लगा। एक पत्थर बुद्ध के सर पर लगा और उससे खून बहने लगा। बुद्ध की आँखों में आँसू आ गये। बच्चों ने देखा तो भयभीत हो गये। उन्हें लगा कि अब बुद्ध उन्हें भला बुरा कहेंगे। बच्चों ने उनके चरण पकड़ लिए और उनसे क्षमा याचना करने लगे। उनमे से एक बच्चे ने कहा-

'हमसे बड़ी भूल हो गई है। मेरी वजह से आपको पत्थर लगा और आपके आँसू आ गये।

इस पर बुद्ध ने कहा, 'बच्चों, मैं इसलिए दुखी हूँ की तुमने आम के पेड़ पर पत्थर मारा तो पेड़ ने बदले में तुम्हे मीठे फल दिए, लेकिन मुझे मारने पर मैं तुम्हे सिर्फ भय दे सका।

परिश्रम के साथ धैर्य भी

एक बार भगवान बुद्ध अपने अनुयायियों के साथ किसी गाँव में उपदेश देने जा रहे थे। उस गाँव से पूर्व ही, मार्ग में उन लोगों को जगह-जगह बहुत सारे गड्ढे खुदे हुए मिले। बुद्ध के एक शिष्य ने उन गड्ढों को देखकर जिज्ञासा प्रकट की- आखिर इस तरह गड्ढे खुदे होने का तात्पर्य क्या है?

बुद्ध बोले, पानी की तलाश में किसी व्यक्ति ने इतने गड्ढे खोदे हैं। यदि वह धैर्यपूर्वक एक ही स्थान पर गड्ढा खोदता तो उसे पानी अवश्य मिल जाता।

पर वह थोड़ी देर एक गड्ढा खोदता और पानी न मिलने पर दूसरा गड्ढा खोदना शुरू कर देता।

व्यक्ति को परिश्रम करने के साथ धैर्य भी रखना चाहिए।

अमृत की खेती

एक बार भगवान बुद्ध भिक्षा के लिए एक किसान के यहाँ पहुँचे। तथागत को भिक्षा के लिये आया देखकर किसान उपेक्षा से बोला- श्रमण मैं हल जोतता हूँ और तब खाता हूँ, तुम्हें भी हल जोतना और बीज बोना चाहिए और तब खाना खाना चाहिऐ। बुद्ध ने कहा- महाराज मैं भी खेती ही करता हूँ। इस पर किसान को जिज्ञासा हुई, वह बोला- गौतम मैं न तुम्हारा हल देखता हूँ, न बैल और ना ही खेती के स्थल। तब आप कैसे कहते हैं कि आप भी खेती ही करते हैं? आप कृपया अपनी खेती के संबंध में समझाएँ।

बुद्ध ने कहा- महाराज मेरे पास श्रद्धा का बीज, तपस्या रुपी वर्षा, प्रज्ञा रुपी जोत और हल है। पाप-भीरूता का दंड है, विचार रूपी रस्सी है, स्मृति और जागरूकता रूपी हल की फाल और पैनी है। मैं वचन और कर्म में संयत रहता हूँ। मैं अपनी इस खेती को बेकार घास से मुक्त रखता हूँ और आनंद की फसल काट लेने तक प्रयत्नशील रहने वाला हूँ। अप्रमाद मेरा बैल है, जो बाधाएं देखकर भी पीछे मुँह नहीं मोड़ता है। वह मुझे सीधा शान्ति धाम तक ले जाता है। इस प्रकार मैं अमृत की खेती करता हूँ।

मृत्यु के उपरान्त क्या ?

एक बार बुद्ध से मलुक्यपुत्र ने पूछा, भगवन आपने आज तक यह नहीं बताया कि मृत्यु के उपरान्त क्या होता है? उसकी बात सुनकर बुद्ध मुस्कुराये, फिर उन्होंने उससे पूछा, पहले मेरी एक बात का जवाब दो। अगर कोई व्यक्ति कहीं जा रहा हो और अचानक कहीं से आकर उसके शरीर में एक विषबुझा बाण घुस जाये तो उसे क्या करना चाहिए? पहले शरीर में घुसे बाण को हटाना ठीक रहेगा या फिर देखना कि बाण किधर से आया है और किसे लक्ष्य कर मारा गया है !

मलुक्यपुत्र ने कहा, पहले तो शरीर में घुसे बाण को तुरंत निकालना चाहिए, अन्यथा विष पूरे शरीर में फैल जायेगा।

बुद्ध ने कहा, बिल्कुल ठीक कहा तुमने, अब यह बताओ कि पहले इस जीवन के दुखों के निवारण का उपाय किया जाये या मृत्यु के बाद की बातों के बारे में सोचा जाये। ...मलुक्यपुत्र अब समझ चुका था और उसकी जिज्ञासा शांत हो गई।

बुद्ध ने कहा-सबका हित करो

एक दिन एक व्यक्ति बुद्ध के पास पहुँचा। वह बहुत अधिक तनाव में था। अनेक प्रश्न उसके दिमाग में घूम-घूमकर उसे परेशान कर रहे थे- जैसे आत्मा क्या है? आदमी मृत्यु के बाद कहाँ जाता है? सृष्टि का निर्माता कौन है? स्वर्ग-नर्क की अवधारणा कहाँ तक सच है और ईश्वर है या नहीं? उसे इन प्रश्नों के उत्तर नहीं मिल रहे थे।

जब वह बुद्ध के पास पहुँचा तो उसने देखा कि बुद्ध को कई लोग घेरकर बैठे हैं। बुद्ध उन सभी के प्रश्नों व जिज्ञासाओं का समाधान अत्यंत सहज भाव से कर रहे हैं। काफी देर तक यह क्रम चलता रहा, किंतु बुद्ध धैर्यपूर्वक हर एक को संतुष्ट करते रहे। बेचारा व्यक्ति वहाँ का हाल देखकर परेशान हो गया।

उसने सोचा कि इन्हें दुनियादारी के मामलों में पड़ने से क्या लाभ? अपना भगवद् भजन करें और बुनियादी समस्याओं से ग्रस्त इन लोगों को भगाएँ, किंतु बुद्ध का व्यवहार देखकर तो ऐसा लग रहा था मानो इन लोगों का दुःख उनका अपना दुःख है।

आखिर उस व्यक्ति ने पूछ ही लिया, "महाराज आपको इन सांसारिक बातों से क्या लेना-देना?"

बुद्ध बोले, "मैं ज्ञानी नहीं हूँ और इंसान हूँ। वैसे भी वह ज्ञान किस काम का, जो इतना घमंडी और आत्मकेंद्रित हो कि अपने अतिरिक्त दूसरे की चिंता ही न कर सके? ऐसा ज्ञान तो अज्ञान से भी बुरा है।" बुद्ध की बातें सुनकर व्यक्ति की उलझन दूर हो गई। उस दिन से उसकी सोच व आचरण दोनों बदल गए। कथा का सार यह है कि ज्ञान तभी सार्थक होता है, जब वह लोक कल्याण में संलग्न हो।

बुद्ध ने युवक को सत्संग का महत्त्व समझाया

महात्मा बुद्ध एक गाँव में ठहरे हुए थे। वे प्रतिदिन शाम को वहाँ पर सत्संग करते थे। भक्तों की भीड़ होती थी, क्योंकि उनके प्रवचनों से जीवन को सही दिशा बोध प्राप्त होता था। बुद्ध की वाणी में गज़ब का जादू था। उनके शब्द श्रोता के दिल में उतर जाते थे।

एक युवक प्रतिदिन बुद्ध का प्रवचन सुनता था। एक दिन जब प्रवचन समाप्त हो गया, तो वह बुद्ध के पास गया और बोला, 'महाराज! मैं काफी दिनों से आपके प्रवचन सुन रहा हूँ, किंतु यहाँ से जाने के बाद मैं अपने गृहस्थ जीवन में वैसा सदाचरण नहीं कर पाता, जैसा यहाँ से सुनकर जाता हूँ। इससे सत्संग के महत्त्व पर शंका भी होने लगती है। बताइए, मैं क्या करूँ?'

बुद्ध ने युवक को बाँस की एक टोकरी देते हुए उसमें पानी भरकर लाने के लिए कहा। युवक टोकरी में जल भरने में असफल रहा। बुद्ध ने यह कार्य निरंतर जारी रखने के लिए कहा। युवक प्रतिदिन टोकरी में जल भरने का प्रयास करता, किंतु सफल नहीं हो पाता। कुछ दिनों बाद बुद्ध ने उससे पूछा, "इतने दिनों से टोकरी में लगातार जल डालने से क्या टोकरी में कोई फर्क नजर आया?"

युवक बोला, "एक फर्क जरूर नजर आया है। पहले टोकरी के साथ मिट्टी जमा होती थी, अब वह साफ दिखाई देती है। कोई गंदगी नहीं दिखाई देती है और इसके छेद पहले जितने बड़े नहीं रह गए, वे बहुत छोटे हो गए हैं।"

तब बुद्ध ने उसे समझाया, "यदि इसी तरह उसे पानी में निरंतर डालते रहोगे तो कुछ ही दिनों में ये छेद फूलकर बंद हो जाएँगे और टोकरी में पानी भर पाओगे। इसी प्रकार जो निरंतर सत्संग करते हैं, उनका मन एक दिन अवश्य निर्मल हो जाता है, अवगुणों के छिद्र भरने लगते हैं और गुणों का जल भरने लगता है।"

युवक ने बुद्ध से अपनी समस्या का समाधान पा लिया। निरंतर सत्संग से दुर्जन भी सज्जन हो जाते हैं, क्योंकि महापुरुषों की पवित्र वाणी उनके मानसिक विकारों को दूर कर उनमें सद्विचारों का आलोक प्रसारित कर देती है।

बुद्ध की शिक्षा से मेहनत सफल हुई

एक आदमी को बुद्ध ने सुझाव दिया कि दूर से पानी लाते हो, क्यों नहीं अपने घर के पास एक कुआँ खोद लेते? हमेशा के लिए पानी की समस्या से छुटकारा मिल जाएगा। सलाह मानकर उस आदमी ने कुआँ खोदना शुरू किया, लेकिन सात-आठ फीट खोदने के बाद उसे पानी तो क्या, गीली मिट्टी का भी चिह्न नहीं मिला। उसने वह जगह छोड़कर दूसरी जगह खुदाई शुरू की, लेकिन दस फीट खोदने के बाद भी उसमें पानी नहीं निकला। उसने फिर तीसरी जगह कुआँ खोदना शुरू किया, लेकिन यहाँ भी उसे निराशा ही हाथ लगी। इस क्रम में उसने आठ-दस फीट के दस कुएँ खोद डाले, लेकिन पानी कहीं नहीं मिला।

वह निराश होकर बुद्ध के पास गया, उसने बुद्ध को बताया कि मैंने दस कुएँ खोद डाले, मगर पानी एक में भी नहीं निकला। बुद्ध को आश्चर्य हुआ। वे स्वयं चलकर उस स्थान पर आए, जहाँ उसने दस गड्ढे खोदे हुए थे। बुद्ध ने उन गड्ढों की गहराई देखी और सारा माज़रा समझ गए।

फिर वे बोले, "दस कुएँ खोदने की बजाय एक कुएँ में ही तुम अपना सारा परिश्रम लगाते तो पानी कब का मिल गया होता। तुम सब गड्ढों को बंद कर दो, केवल एक को गहरा करते जाओ, पानी निकल आएगा। उसने बुद्ध की बात मानकर ऐसा ही किया, परिणाम स्वरूप कुआँ पूर्ण होते ही पानी निकल आया। सबने भगवान बुद्ध की जय-जयकार की।

बुद्ध के ज्ञान से सेठ ने पाया सुख

धन्ना सेठ के पास सात पुश्तों के पालन-पोषण जितना धन था। उसका व्यापार चारों तरफ फैला हुआ था, किंतु फिर भी उसका मन अशांत रहता था। कभी धन की सुरक्षा की चिंता, तो कभी व्यापारिक प्रतिस्पर्धा में आगे निकलने का तनाव। चिंता और तनाव के कारण वह अस्वस्थ रहने लगा। उसके मित्र ने उसकी गिरती दशा देखी, तो उसे बुद्ध के पास जाने की सलाह दी।

सेठ बुद्ध के पास पहुँचा और अपनी समस्या बताई। बुद्ध ने उसे सांत्वना देते हुए कहा, "तुम घबराओ मत। तुम्हारा कष्ट अवश्य दूर होगा। बस, तुम यहाँ कुछ दिन रहकर ध्यान किया करो।" बुद्ध के कहे अनुसार सेठ ने रोज़ ध्यान करना शुरू कर दिया, किंतु सेठ का मन ध्यान में नहीं लगा। वह जैसे ही ध्यान करने बैठता, उसका मन फिर अपनी दुनिया में चला जाता। उसने बुद्ध को यह बात बताई, किंतु बुद्ध ने कोई उपाय नहीं बताया। थोड़ी देर बाद जब सेठ बुद्ध के साथ वन में सायंकालीन भ्रमण कर रहा था, तो उसके पैर में एक काँटा चुभ गया। वह दर्द के मारे कराहने लगा।

बुद्ध ने कहा, "बेहतर होगा कि तुम जी कड़ा कर काँटे को निकाल दो, तब इस दर्द से मुक्ति मिल जाएगी।" सेठ ने मन कड़ा कर काँटा निकाल दिया। उसे चैन मिल गया।

तब बुद्ध ने उसे समझाया, "ऐसे ही लोभ, मोह, क्रोध, घमंड व द्वेष के काँटे तुम्हारे मन में गड़े हैं। जब तक अपने मन की संकल्प शक्ति से उन्हें नहीं निकालोगे, अशांत ही रहोगे।" सेठ का अज्ञान बुद्ध के इन शब्दों से दूर हो गया और उसने निर्मल हृदय की राह पकड़ ली। अपनी कुप्रवृत्तियों से मुक्ति के लिए संकल्पबद्धता अनिवार्य है। जब तक व्यक्ति दृढ़-निश्चय न कर ले, वह अपनी गलत आदतों से मुक्त नहीं हो सकता।

बुद्ध की शिक्षा से गाँव का उद्धार हुआ

एक युवक ने बुद्ध से आकर कहा, “मेरा गाँव अशिक्षित है। मैं अपने परिवार से झगड़कर थोड़ा-बहुत पढ़ पाया हूँ। आगे और पढ़ना चाहता हूँ, किंतु सभी रोक रहे हैं। घर के लोग सोचते हैं कि खेती में खूब पैसा है और उसके लिए किसी शिक्षा की आवश्यकता नहीं है। यही सोच गाँव वालों की भी है। कृपया आप मेरे गाँव चलकर वहाँ शिक्षा का प्रसार करवाइए।”

बुद्ध युवक की बात मानकर गाँव आ गए। धर्म भीरु ग्रामीणों ने बुद्ध का सत्कार किया और रोज उनके प्रवचन सुनने आने लगे। बुद्ध जब भी शिक्षा का महत्त्व बताते, ग्रामीण विरोधी मत रखते। एक दिन एक महिला अपने पाँच साल के बच्चे के लिए पूछने लगी कि उसे किस उम्र से शिक्षा दिलवाएँ? तब बुद्ध ने समझाया कि तुम्हें तो पाँच वर्ष पूर्व उसकी शिक्षा शुरू कर देनी थी। उसे क्या खाना है, क्या नहीं, कैसे व क्या बोलना है आदि बातें शुरू से सिखाओगी, तभी तो वह अपना उचित खयाल रख सकेगा। बुद्ध की यह बात महिला सहित सभी ग्रामीणों को समझ में आ गई। उन्होंने अपने बच्चों को विद्यालय भेजना शुरू किया।

यह समय वर्षा का था। युवक ने लोगों को जल संग्रहण की तकनीक बताई। अधिकांश ने उपहास किया, किंतु युवक अपना काम करता रहा। बुद्ध का सहयोग प्राप्त था, इसलिए किसी ने उसका खुलकर विरोध नहीं किया। जब गर्मी में भीषण जलसंकट के कारण फसलें सूखने लगीं, तो युवक ने कुएँ खुदवाए, जिनमें जल संग्रहण की तकनीक के कारण खूब पानी निकला। ग्रामीण अब शिक्षा का महत्त्व समझ चुके थे। धीरे-धीरे संपूर्ण गाँव शिक्षित हो गया। ज्ञान हर उम्र में अर्जित किया जा सकता है। यही ज्ञान हमें जीवन में आने वाली समस्याओं के समाधान की राह सुझाता है।

आम्रपाली और महात्मा बुद्ध

आम्रपाली बौद्ध काल में वैशाली के वृज्जिसंघ की इतिहास प्रसिद्ध लिच्छवि राजनृत्यांगना थी। इनका एक नाम 'अम्बपाली' या 'अम्बपालिका' भी है। आम्रपाली अत्यन्त सुन्दर थी और कहते हैं जो भी उसे एक बार देख लेता वह उस पर मुग्ध हो जाता था। अजातशत्रु उसके प्रेमियों में था और उस समय के उपलब्ध सहित्य में अजातशत्रु के पिता बिंबसार को भी गुप्त रूप से उसका प्रणयार्थी बताया गया है। आम्रपाली को लेकर भारतीय भाषाओं में बहुत से काव्य, नाटक और उपन्यास लिखे गए हैं।

एक बार कि बात है, महात्मा बुद्ध अपने शिष्यों के साथ घूमते हुए वैशाली नगरी में पहुँचे। वैशाली को उस समय सोलह महाजनपदों में एक महत्त्वपूर्ण जनपद माना जाता था, जिसकी ख्याति दूर-दूर तक फैली हुई थी। यह नगरी परम वैभवशाली और हर तरफ से संपन्न थी।

महात्मा बुद्ध के आने की बात पूरे नगर में फैलते देर न लगी। जिसे जब पता चलता वह तभी उनसे मिलने पहुँच जाता और उनके उपदेश सुनकर खुद को भाग्यशाली समझता। बुद्ध का चरित्र ही ऐसा प्रभावशाली था कि उनसे प्रभावित हुए बिना कोई नहीं रह सका। उस

नगर की गणिका और राजनर्तकी "आम्रपाली" भी बुद्ध से मिलने की इच्छुक थी। वह खुद महात्मा बुद्ध के पास चलकर आई और उन्हें अपने घर भोजन के लिए आमंत्रित किया। उसने इतने सरल और प्रेम भाव से बुद्ध से विनती की कि बुद्ध मना नहीं कर सके। जब यह बात उनके शिष्यों को पता चला कि महात्मा बुद्ध ने एक गणिका का आमंत्रण स्वीकार किया है तो सबने इसका विरोध किया।

महात्मा बुद्ध ने बड़ी सरलता से अपने शिष्यों से कहा- 'मैंने तो उसकी प्रेम-भावना देखी। उसने जिस भावना से मुझे बुलाया है वह बिलकुल पवित्र और निश्छल था। वह आज मुझसे मिलने एक गणिका बनकर नही बल्कि एक भक्ति-भाव से आई थी, फिर भला मैं कैसे उसका आमंत्रण स्वीकार न करता? वह चाहे एक वेश्या हो या फिर कोई सन्यासी।'

यथासमय बुद्ध आम्रपाली के घर भोजन के लिए गए। वह पहले से ही भोजन की सारी व्यवस्था करके, भगवान बुद्ध के आने की राह देख रही थी। मन में यह विचार भी आ रहा था कि कहीं बुद्ध अपनी बात से मुकर न जाएँ। इतने बड़े सन्यासी भला क्यों एक वेश्या के बुलाने पर उसके घर आकर भोजन करेंगे? परंतु जैसे ही आम्रपाली ने बुद्ध को अपने घर आते देखा, उसकी प्रसन्नता का ठिकाना न रहा। वह दौड़कर दरवाजे पर गई और उनका स्वागत किया।

खुद अपने हाथों से भोजन परोसा और उनकी आवभगत की। महात्मा बुद्ध के शिष्यों ने जो उनके साथ आए थे जब एक वेश्या को, जिसके कदमों में खुद सम्राट बिबंसार से लेकर अजातशत्रु थे, पूरी वैशाली जिसके एक झलक पाने के लिए तरसती थी, उसे एक सन्यासी

के लिए ऐसा व्यवहार करते देख, बुद्ध के शिष्यों के मन में अपने गुरु के लिए सम्मान ओर ज्यादा बढ़ गया।

आम्रपाली ने महात्मा बुद्ध के व्यक्तित्व के बारे में जैसा सुना था, उनसे मिलने के बाद वह उनसे उससे ज्यादा प्रभावित हुई और उसी समय वह बुद्ध की शरण में चली गई। अपनी सारी संपत्ति वह बौद्ध-मठ के नाम करके आजीवन भिक्षुणी बन गई।

कठोर वचन

एक बार गौतम बुद्ध से अभय राजकुमार ने प्रश्न किया कि क्या श्रमण गौतम कभी कठोर वचन कहते हैं?

उसने सोच रखा था कि नहीं कहने पर वह बताएगा कि एक बार उन्होंने देवदत्त को नरकगामी कहा था और यदि हाँ कहे तो उनसे पूछा जा सकता है कि जब आप कठोर शब्दों का प्रयोग करने से स्वयं को रोक नहीं पाते, तब दूसरों को ऐसा उपदेश कैसे देते हैं?

बुद्ध ने अभय के प्रश्न का आशय जान लिया। उन्होंने कहा, इसका उत्तर न तो हाँ में दिया जा सकता है और न नहीं में। अभय की गोद में उस समय एक छोटा बालक था। उसकी ओर इशारा करते हुए बुद्ध ने पूछा, 'राजकुमार, यदि दाई के अनजाने में यह बालक अपने मुख में काठ का टुकड़ा डाल ले, तब तुम क्या करोगे?'

'मैं उसे निकालने का प्रयास करूंगा।'

'यदि वह आसानी से न निकल सकता हो तो?'

'तो बाएं हाथ से उसका सिर पकड़कर दाहिने हाथ की उंगली को टेढ़ा करके उसे निकालूंगा।'

'यदि खून निकलने लगे तो?'

'तो भी मेरा यही प्रयास रहेगा कि वह काठ का टुकड़ा किसी न किसी तरह बाहर निकल आए।'

'ऐसा क्यों?'

'इसलिए कि भंते, इसके प्रति मेरे मन में अनुकंपा है।'

'राजकुमार, ठीक इसी तरह तथागत जिस वचन के बारे में जानते हैं कि यह मिथ्या या अनर्थकारी है और उससे दूसरों के हृदय को ठेस पहुँचती है, तब उसका वे कभी उच्चारण नहीं करते। पर इसी तरह जो वचन उन्हें सत्य और हितकारी प्रतीत होते हैं तथा दूसरों को प्रिय लगते हैं, उनका वे सदैव उच्चारण करते हैं।

इसका कारण यही है कि तथागत के मन में सभी प्राणियों के प्रति अनुकंपा है।'

जिसकी जैसी भावना

एक बार बुद्ध कहीं प्रवचन दे रहे थे। अपनी देशना ख़त्म करते हुए उन्होंने आखिर में कहा, जागो, समय हाथ से निकला जा रहा है। सभा विसर्जित होने के बाद उन्होंने अपने प्रिय शिष्य आनंद से कहा, चलो थोड़ी दूर घूमकर आते हैं। आनंद बुद्ध के साथ चल दिए। अभी वे विहार के मुख्य द्वार तक ही पहुँचे थे कि एक किनारे रुक कर खड़े हो गये। प्रवचन सुनने आये लोग एक एक करके निकल रहे थे, इसलिए भीड़-सी हो गई थी। अचानक उसमें से निकलकर एक स्त्री गौतम बुद्ध से मिलने आयी। उसने कहा तथागत मैं नर्तकी हूँ। आज नगर के श्रेष्ठी के घर मेरे नृत्य का कार्यक्रम पहले से तय था, लेकिन मै उसके बारे में भूल चुकी थी। आपने कहा, समय निकला जा रहा है तो मुझे तुरंत इस बात की याद आई। धन्यवाद तथागत !

उसके बाद एक डकैत बुद्ध की ओर आया। उसने कहा, तथागत मैं आपसे कोई बात छिपाउँगा नहीं। मै भूल गया था कि आज मुझे एक जगह डाका डालने जाना था कि आज उपदेश सुनते ही मुझे अपनी योजना याद आ गई। बहुत बहुत धन्यवाद!

उसके जाने के बाद धीरे-धीरे चलता हुआ एक बूढ़ा व्यक्ति बुद्ध के पास आया। वृद्ध ने कहा, तथागत! ज़िन्दगी भर दुनियावी चीजों के पीछे भागता रहा। अब मौत का सामना करने का दिन नज़दीक आता जा रहा है, तब मुझे लगता है कि सारी ज़िन्दगी यूँ ही बेकार हो गई। आपकी बातों से आज मेरी आँखें खुल गईं। आज से मै अपने सारे दुनियावी मोह छोड़कर, निर्वाण के लिए कोशिश करना चाहता हूँ। जब सब लोग चले गये तो बुद्ध ने कहा, देखो आनंद! प्रवचन मैंने एक ही दिया, लेकिन उसका हर किसी ने अलग-अलग मतलब निकाला। जिसकी जितनी झोली होती है, उतना ही दान वह समेट पाता है। निर्वाण प्राप्ति के लिए भी मन की झोली को उसके लायक होना होता है। इसके लिए मन का शुद्ध होना बहुत ज़रुरी है।

मछुआरा बना चित्रकार

एक बार गौतम बुद्ध घूमते हुए एक नदी के किनारे पहुँचे। वहाँ उन्होंने देखा कि एक मछुआरा जाल बिछाता और उसमें मछलियाँ फँसने पर उन्हें किनारे रख दोबारा जाल डाल देता। मछलियाँ पानी के बिना तड़पती हुई मर जातीं।

बुद्ध यह देखकर द्रवित हो गए और मछुआरे के पास जाकर बोले, 'भैया, तुम इन निर्दोष मछलियों को क्यों पकड़ रहे हो?'

मछुआरा बुद्ध की ओर देखकर बोला, 'महाराज, मैं इन्हें पकड़कर बाज़ार में बेचूँगा और धन कमाऊंगा।' बुद्ध बोले, 'तुम मुझसे इनके दाम ले लो और इन मछलियों को छोड़ दो।'

मछुआरा यह सुनकर खुश हो गया और उसने बुद्ध से उन मछलियों का मूल्य लेकर मछलियाँ बुद्ध को सौंप दीं। बुद्ध ने जल्दी से वे सभी तड़पती हुई मछलियाँ वापस नदी में डाल दीं। यह देखकर मछुआरा दंग रह गया और बोला, 'महाराज, आपने तो मुझसे मछलियाँ खरीदी थीं। फिर आपने इन्हें वापस पानी में क्यों डाल दिया?'

यह सुनकर बुद्ध ने कहा, 'ये मैंने तुमसे इसलिए खरीदी हैं ताकि इनको दोबारा जीवन दे सकूं। किसी की हत्या करना पाप है। यदि मैं तुम्हारा ही गला घोंटने लगूँ तो तुम्हें कैसा लगेगा?' यह सुनकर मछुआरा हैरानी से बुद्ध की ओर देखने लगा।

बुद्ध बोले, 'जिस तरह मानव को हवा और पानी मिलना बंद हो जाए तो वह तड़प-तड़पकर मर जाएगा उसी तरह मछलियाँ भी यदि पानी से बाहर आ जाएं तो तड़प-तड़पकर मर जाती हैं। उनमें भी साँस है। उनको तड़पते देखकर तुम कठोर कैसे रह सकते हो?'

बुद्ध की बातें सुनकर मछुआरा लज्जित हो गया और बोला, 'महाराज, आज आपने मेरी आँखें खोल दीं। अभी तक मुझे यह काम उचित लगता था पर अब लगता है कि इससे भी अच्छे काम करके मैं अपनी आजीविका चला सकता हूँ। मैं चित्र भी बनाता हूँ। आज से मैं चित्रकला से ही अपनी आजीविका कमाऊँगा।' इसके बाद वह वहाँ से चला गया और कुछ ही समय में प्रसिद्ध चित्रकार बन गया।

बिना नींव का मकान

बुद्ध अपने प्रवचनों में शिष्यों को बहुत-सी कथाएँ सुनाते थे। यह कथा भी उन्हीं में से एक है।

कभी किसी काल में किसी नगर में राम और श्याम नामक दो धनी व्यापारी रहते थे। वे दोनों ही अपने धन और वैभव का बड़ा प्रदर्शन करते थे।

एक दिन राम अपने मित्र श्याम के घर उससे भेंट करने के लिए गया। राम ने देखा कि श्याम का घर बहुत विशाल और तीन मंजिला था। 2,500 साल पहले तीन मंजिला घर होना बड़ी बात थी और उसे बनाने के लिए बहुत धन और कुशल वास्तुकार की आवश्यकता होती थी। राम ने यह भी देखा कि नगर में सभी निवासी श्याम के घर को बड़े विस्मय से देखते थे और उसकी बहुत बड़ाई करते थे।

अपने घर वापसी पर राम बहुत उदास था कि श्याम के घर ने सभी का ध्यान खींच लिया था। उसने उसी वास्तुकार को बुलवाया जिसने श्याम का घर बनाया था। उसने वास्तुकार से श्याम के घर जैसा ही तीन

मंजिला घर बनाने को कहा। वास्तुकार ने इस काम के लिए हामी भर दी और काम शुरू हो गया।

कुछ दिनों बाद राम काम का मुआयना करने के लिए निर्माणस्थल पर गया। जब उसने नींव खोदे जाने के लिए मजदूरों को गहरा गड्ढा खोदते देखा तो वास्तुकार को बुलाया और पूछा कि इतना गहरा गड्ढा क्यों खोदा जा रहा है।

"मैं आपके बताये अनुसार तीन मंजिला घर बनाने के लिए काम कर रहा हूँ,"

वास्तुकार ने कहा, "सबसे पहले मैं मजबूत नींव बनाऊँगा, फिर क्रमशः पहली मंजिल, दूसरी मंजिल और तीसरी मंजिल बनाऊंगा।"

"मुझे इस सबसे कोई मतलब नहीं है!" राम ने कहा,

"तुम सीधे ही तीसरी मंजिल बनाओ और उतनी ही ऊंची बनाओ जितनी ऊंची तुमने श्याम के लिए बनाई थी। नींव की और बाकी मंजिलों की परवाह मत करो!"

"ऐसा तो नहीं हो सकता", वास्तुकार ने कहा।

"ठीक है, यदि तुम यह नहीं करोगे तो मैं किसी और से करवा लूँगा," राम ने नाराज़ होकर कहा।

उस नगर में कोई भी वास्तुकार नींव के बिना वह घर नहीं बना सकता था, फलतः वह घर कभी न बन पाया।

अतः किसी भी बड़े कार्य को सम्पन्न करने के लिए उसकी नीव सबसे मजबूत बनानी चाहिए एवं काम को योजनाबद्ध तरीके से किया जाना चाहिए।

पहचान

एक बार एक आदमी महात्मा बुद्ध के पास पहुँचा। उसने पूछा, "प्रभु, मुझे यह जीवन क्यों मिला, इतनी बड़ी दुनिया में मेरी क्या कीमत है?"

बुद्ध उसकी बात सुनकर मुस्कराए और उसे एक चमकीला पत्थर देते हुए बोले, 'जाओ, पहले इस पत्थर का मूल्य पता करके आओ, पर ध्यान रहे, इसे बेचना नहीं, सिर्फ मूल्य पता करना है।'

वह आदमी उस पत्थर को लेकर एक आमवाले के पास पहुँचा और उसे पत्थर दिखाते हुए बोला, 'इसकी कीमत क्या होगी?'

आमवाला पत्थर की चमक देखकर समझ गया कि अवश्य ही यह कोई कीमती पत्थर है, लेकिन वह बनावटी आवाज में बोला, "देखने में तो कुछ खास नहीं लगता, पर मैं इसके बदले दस आम दे सकता हूँ।"

वह आदमी आगे बढ़ गया। सामने एक सब्जीवाला था। उसने उससे पत्थर का दाम पूछा। सब्जीवाला बोला, 'मैं इस पत्थर के बदले एक बोरी आलू दे सकता हूँ।'

आदमी आगे चल पड़ा। उसे लगा पत्थर कीमती है, किसी जौहरी से इसकी कीमत पता करनी चाहिए। वह एक जौहरी की दुकान पर

पहुँचा और उसकी कीमती पूछी। जौहरी उसे देखते ही पहचान गया कि यह बेशकीमती रूबी पत्थर है, जो किस्मत वाले को मिलता है। वह बोला, “पत्थर मुझे दे दो और मुझसे दस हजार रुपए ले लो।”

उस आदमी को अब तक पत्थर की कीमत का अंदाजा हो गया था। वह बुद्ध के पास लौटने के लिए मुड़ा। जौहरी उसे रोकते हुए बोला, “अरे रुको तो भाई, मैं इसके पचास हजार दे सकता हूँ।”

लेकिन वह आदमी फिर भी नहीं रुका। जौहरी किसी भी कीमत पर उस पत्थर को अपने हाथ से नहीं जाने देना चाहता था, वह उछलकर उसके आगे आ गया और हाथ जोड़कर बोला, “तुम यह पत्थर मुझे दे दो, मैं एक लाख रुपए देने को तैयार हूँ।”

वह आदमी जौहरी से पीछा छुड़ाकर जाने लगा। जौहरी ने पीछे से आवाज लगाई, “ये बेशकीमती पत्थर है, अनमोल है। तुम जितने पैसे कहोगे, मैं दे दूँगा।”

यह सुनकर वह आदमी हैरान-परेशान हो गया। वह सीधा बुद्ध के पास पहुँचा और उन्हें पत्थर वापस करते हुए सारी बात कह सुनाई।

बुद्ध मुस्करा कर बोले, “आम वाले ने इसकी कीमत ‘दस आम’ लगाई, आलू वाले ने ‘एक बोरी आलू’ और जौहरी ने बताया कि ‘अनमोल’ है। इस पत्थर के गुण जिसने जितने समझे, उसने उसकी उतनी कीमत लगाई। ऐसे ही यह जीवन है। हर आदमी एक हीरे के समान है। दुनिया उसे जितना पहचान पाती है, उसे उतनी महत्ता देती है, लेकिन आदमी और हीरे में एक फर्क यह है कि हीरे को कोई दूसरा तराशता है, और आदमी को खुद अपने आपको तराशना पड़ता है। तुम भी अपने आपको तराशकर अपनी चमक बिखेरो, तुम्हें भी तुम्हारी कीमत बताने वाले मिल ही जाएँगे।”

चरित्रहीन

एक बार महात्मा बुद्ध किसी गाँव में गए। वहाँ एक स्त्री ने उनसे पूछा कि आप तो किसी राजकुमार की तरह दिखते हैं, आपने युवावस्था में गेरुआ वस्त्र क्यों धारण किया है?

बुद्ध ने उत्तर दिया कि मैंने तीन प्रश्नों के हल ढूँढने के लिए संन्यास लिया है।

बुद्ध ने कहा- हमारा शरीर युवा और आकर्षक है, लेकिन यह वृद्ध होगा, फिर बीमार होगा और अंत में यह मृत्यु को प्राप्त हो जाएगा। मुझे वृद्धावस्था, बीमारी और मृत्यु के कारण का ज्ञान प्राप्त करना है।

बुद्ध की बात सुनकर स्त्री बहुत प्रभावित हो गई और उसने उन्हें भोजन के लिए आमंत्रित किया।

जैसे ही ये बात गाँव के लोगों को मालूम हुई तो सभी ने बुद्ध से कहा कि वे उस स्त्री के यहाँ न जाए, क्योंकि वह स्त्री चरित्रहीन है।

बुद्ध ने गाँव के सरपंच से पूछा कि क्या ये बात सही है? सरपंच ने भी गाँव के लोगों की बात में सहमती जताई। तब बुद्ध ने सरपंच का एक हाथ पकड़ कर कहा कि अब ताली बजाकर दिखाओ।

इस पर सरपंच ने कहा कि यह असंभव है, एक हाथ से ताली नहीं बज सकती।

बुद्ध ने कहा कि ठीक इसी प्रकार कोई स्त्री अकेले ही चरित्रहीन नहीं हो सकती है। यदि इस गाँव के पुरुष चरित्रहीन नहीं होते तो वह स्त्री भी चरित्रहीन नहीं होती। गाँव के सभी पुरुष बुद्ध की ये बात सुनकर शर्मिंदा हो गए।

सुख की नींद

एक बार गौतम बुद्ध सिंसवा वन में पर्ण-शय्या पर विराजमान थे कि हस्तक आलबक नामक एक शिष्य ने वहाँ आकर उनसे पूछा, ''भंते, कल आप सुखपूर्वक सोए ही होंगे ?"

"हाँ, कुमार, कल मैं सुख की नींद सोया।"

"किंतु भगवन्! कल रात तो हिमपात हो रहा था और ठंड भी कड़ाके की थी। आपके पत्तों का आसन तो एकदम पतला है, फिर भी आप कहते हैं कि आप सुख की नींद सोए ?"

"अच्छा कुमार, मेरे प्रश्न का उत्तर दो। मान लो, किसी गृहपति के पुत्र का कक्ष वायुरहित और बंद हो, उसके पलंग पर चार अंगुल की पोस्तीन बिछी हो, तकिया कालीन का हो तथा ऊपर वितान हो और सेवा के लिए चार भार्याएँ तत्पर हों, तब क्या वह गृहपति पुत्र सुख से सो सकेगा ?"

'हाँ भंते, इतनी सुख-सुविधाएँ होने पर भला वह सुख से क्यों न सोएगा? उसे सुख की नींद ही आएगी।'

“किंतु कुमार, यदि उस गृहपति-पुत्र को रोग से उत्पन्न होने वाला शारीरिक या मानसिक कष्ट हो, तो क्या वह सुख से सोएगा ?”

“नहीं भंते, वह सुख से नहीं सो सकेगा।”

“और यदि उस गृहपति-पुत्र को द्वेष या मोह से उत्पन्न शारीरिक या मानसिक कष्ट हो, तो क्या वह सुख से सोएगा ?”

“नहीं भंते, वह सुख से नहीं सो सकेगा।”

“कुमार तथागत की राग, द्वेष और मोह से उत्पन्न होने वाली जलन जड़ मूल से नष्ट हो गई है, इसी कारण सुख की नींद आई थी।”

“वास्तव में नींद को अच्छे आस्तरण की आवश्यकता नहीं होती। तुमने यह तो सुना ही होगा कि सूली के ऊपर भी अच्छी नींद आ जाती है। सुखद नींद के लिए चित्त का शांत होना परम आवश्यक है और यदि सुखद आस्तरण हो तब तो बात ही क्या? सुखद नींद के लिए वह निश्चय ही सहायक होगा।”

इच्छाशक्ति

एक बार आनंद ने भगवान् बुद्ध से पूछा – "जल, वायु, अग्नि इत्यादि तत्वों में सबसे शक्तिशाली तत्व कौन-सा है"

भगवान बुद्ध ने कहा– "आनंद! पत्थर सबसे कठोर और शक्तिशाली दिखता है लेकिन लोहे का हथौडा पत्थर के टुकड़े-टुकड़े कर देता है, इसलिये लोहा पत्थर से अधिक शक्तिशाली है।"

"लेकिन लोहार आग की भट्टी में लोहे को गलाकर उसे मनचाही शक्ल में ढाल देता है, इसलिये आग लोहा और पत्थर से अधिक शक्तिशाली है।"

"मगर आग कितनी भी विकराल क्यों न हो, जल उसे शांत कर देता है। इसलिये जल पत्थर, लोहे, और अग्नि से अधिक शक्तिशाली है।

लेकिन जल से भरे बादलों को वायु कहीं से कहीं उड़ाकर ले जाती है, इसलिये वायु, जल से भी अधिक बलशाली है।"

"लेकिन हे आनंद! इच्छाशक्ति वायु की दिशा को भी मोड सकती है। इसलिये सबसे अधिक शक्तिशाली तत्व है– व्यक्ति की इच्छाशक्ति।

इच्छाशक्ति से अधिक बलशाली तत्व कोई नहीं है, यदि किसी काम को अपनी इच्छा से किया जाये तो सफलता जरुर मिलती है।

सिद्धार्थ और हंस

गौतम बुद्ध के बचपन का नाम सिद्धार्थ था। सिद्धार्थ नाम का अर्थ होता है- 'वह जिसने अपने सभी इच्छाओं को पूरा किया।' यह नाम उनके पिता राजा शुद्धोधन ने रखा था, क्योंकि जब बुद्ध का जन्म हुआ था तो सभी ज्योतिषियों और विद्वानों ने यह भविष्यवाणी की थी कि यह बालक बड़ा होकर एक महान सन्यासी बनेगा पंरतु बुद्ध के पिता राजा शुद्धोधन को यह बात अच्छी नहीं लगी। वे अपने पुत्र को एक महान राजा के रूप में देखना चाहते थे न कि एक सन्यासी। वे नहीं चाहते थे कि उनका पुत्र फ़कीरों का जीवन जिए इसलिए सिद्धार्थ के रहने की व्यवस्था विलासिता पूर्ण की गई। उन्हें तरह-तरह की सुख सुविधाओं से रखा गया। दुख की अनुभूति तक न होने दी गई पंरतु उनमे एक सन्यासी के लक्षण तो बचपन से ही दिखने लगे थे। वे बचपन से ही शांत और सरल स्वभाव के थे। दया और करूणा तो उनके मन में कूट-कूटकर भरी थी। अक्सर सिद्धार्थ एकांत में जाकर ध्यानमग्न रहा करते थे।

एक दिन कि बात है, सिद्धार्थ अपने उपवन में एक शांत जगह इसी प्रकार ध्यानमग्न थे तभी एक घायल हंस उनके सामने आ गिरा जिससे

उनका ध्यान भंग हो गया। जब उन्होंने अपनी आँखें खोली तो देखा कि सामने एक सफेद हंस तीर से बुरी तरह घायल पड़ा तड़प रहा है। उसे देखते ही सिद्धार्थ का मन द्रवित हो उठा और उन्होंने उसे तुरंत उठा लिया। धीरे-धीरे वे हंस को सहलाने लगे और फिर पास के सरोवर में जाकर उसका घाव धोकर उसके शरीर से धीरे से तीर को निकाला। तीर निकालते ही वह दर्द से तड़प उठा तब सिद्धार्थ उसे धीरे से सहलाते रहे और उसके घाव पर पट्टी बांध दी। उसी समय एक ओर से कुछ शोर हुआ और उधर से उनका चचेरा भाई देवदत्त आता हुआ दिखाई दिया।

सिद्धार्थ के हाथ में हंस देखकर वह बहुत खुश हुआ और हंस लेने के लिए सिद्धार्थ के पास दौड़कर आ गया।

देवदत्त- 'सिद्धार्थ यह हंस तुम्हारे पास है और मैं इसे कब से इधर-उधर ढूँढ रहा था। यह मेरा शिकार है, अब जाकर मिला है।'

सिद्धार्थ- 'नहीं देवदत्त। यह हंस मेरा है। यह तो कब का दम तोड़ देता अगर मैं समय पर इसका इलाज न करता।

देवदत्त- 'दम तोड़ देता तो क्या? यह तो मेरा शिकार है, मैंने इसे इसलिए तो मारा है। तुम जबरदस्ती मेरे शिकार को हड़पना चाहते हो।'

इस तरह दोनों भाइयों में उस हंस के लिए वाद-विवाद होने लगा और धीरे-धीरे बात बढ़ गई। तब दोनों ने मिलकर फैसला किया कि यह हंस किसका है इस बात का निर्णय महाराज शुद्धोधन के पास जाकर ही होगा और दोनों भाई राज-दरबार में पहुँच गए। वहाँ उन दोनों ने अपना-अपना तर्क महाराज के सामने रखा।

महाराज शुद्धोधन विचार करके बोले - 'चूंकि यह हंस देवदत्त का शिकार है इसलिए इस पर पहला अधिकार देखा जाए तो देवदत्त का है परंतु सिद्धार्थ ने इसकी जान बचाई है और मारने वाले से बड़ा बचाने वाला होता है इसलिए यह हंस सिद्धार्थ का हुआ।'

महाराज शुद्धोधन का निर्णय सुनकर सिद्धार्थ की आँखों में एक चमक आ गई और वे उस हंस के शरीर पर धीरे से अपना हाथ रख सहलाने लगे। देवदत्त को भी सत्य का भान हुआ।

अंगुलिमाल और गौतम बुद्ध

प्राचीनकाल की बात है। मगध देश की जनता में आतंक छाया हुआ था। अँधेरा होते ही लोग घरों से बाहर निकलने की हिम्मत नहीं जुटा पाते थे, कारण था अंगुलिमाल। अंगुलिमाल एक खूँखार डाकू था जो मगध देश के जंगल में रहता था। जो भी राहगीर उस जंगल से गुज़रता था, वह उसे रास्ते में लूट लेता था और उसे मारकर उसकी एक उँगली काटकर माला के रूप में अपने गले में पहन लेता था। इसी कारण लोग उसे "अंगुलिमाल" कहते थे।

एक दिन उस गाँव में महात्मा बुद्ध आए। लोगों ने उनका खूब स्वागत-सत्कार किया। महात्मा बुद्ध ने देखा वहाँ के लोगों में कुछ डर-सा समाया हुआ है। महात्मा बुद्ध ने लोगों से इसका कारण जानना चाहा। लोगों ने बताया कि इस डर और आतंक का कारण डाकू अंगुलिमाल है। वह निरपराध राहगीरों की हत्या कर देता है। महात्मा बुद्ध ने मन में निश्चय किया कि उस डाकू से अवश्य मिलना चाहिए।

बुद्ध जंगल में जाने को तैयार हो गए तो गाँव वालों ने उन्हें बहुत रोका क्योंकि वे जानते थे कि अंगुलिमाल के सामने से बच पाना मुश्किल ही नहीं असंभव भी है। लेकिन बुद्ध अत्यंत शांत भाव से जंगल में चले

जा रहे थे। तभी पीछे से एक कर्कश आवाज कानों में पड़ी- "ठहर जा, कहाँ जा रहा है?"

बुद्ध ऐसे चलते रहे मानो कुछ सुना ही नहीं। पीछे से और जोर से आवाज आई-"मैं कहता हूँ ठहर जा।" बुद्ध रुक गए और पीछे पलटकर देखा तो सामने एक खूँखार काला व्यक्ति खड़ा था। लंबा-चौड़ा शरीर, बढ़े हुए बाल, एकदम काला रंग, लंबे-लंबे नाखून, लाल-लाल आँखें, हाथ में तलवार लिए वह बुद्ध को घूर रहा था। उसके गले में उँगलियों की माला लटक रही थी। वह बहुत ही डरावना लग रहा था।

बुद्ध ने शांत व मधुर स्वर में कहा- "मैं तो ठहर गया। भला तू कब ठहरेगा?"

अंगुलिमाल ने बुद्ध के चेहरे की ओर देखा, उनके चेहरे पर बिल्कुल भय नहीं था जबकि जिन लोगों को वह रोकता था, वे भय से थर-थर काँपने लगते थे। अंगुलिमाल बोला- "हे सन्यासी! क्या तुम्हें डर नहीं लग रहा है? देखो, मैंने कितने लोगों को मारकर उनकी उँगलियों की माला पहन रखी है।"

बुद्ध बोले- "तुझसे क्या डरना? डरना है तो उससे डरो जो सचमुच ताकतवर है।" अंगुलिमाल जोर से हँसा- 'हे साधु! तुम समझते हो कि मैं ताकतवर नहीं हूँ। मैं तो एक बार में दस-दस लोगों के सिर काट सकता हूँ।'

बुद्ध बोले- 'यदि तुम सचमुच ताकतवर हो तो जाओ उस पेड़ के दस पत्ते तोड़ लाओ।' अंगुलिमाल ने तुरंत दस पत्ते तोड़े और बोला- 'इसमें क्या है? कहो तो मैं पेड़ ही उखाड़ लाऊँ।' महात्मा बुद्ध ने कहा - 'नहीं, पेड़ उखाड़ने की जरूरत नहीं है। यदि तुम वास्तव में ताकतवर हो तो

जाओ इन पत्तियों को पेड़ में जोड़ दो।' अंगुलिमाल क्रोधित हो गया और बोला - 'भला कहीं टूटे हुए पत्ते भी जुड़ सकते हैं।' महात्मा बुद्ध ने कहा- 'तुम जिस चीज को जोड़ नहीं सकते, उसे तोड़ने का अधिकार तुम्हें किसने दिया?

एक आदमी का सिर जोड़ नहीं सकते तो काटने में क्या बहादुरी है? अंगुलिमाल अवाक रह गया। वह महात्मा बुद्ध की बातों को सुनता रहा। एक अनजानी शक्ति ने उसके हृदय को बदल दिया। उसे लगा कि सचमुच उससे भी ताकतवर कोई है। उसे आत्मग्लानि होने लगी।

वह महात्मा बुद्ध के चरणों में गिर पड़ा और बोला - 'हे महात्मन! मुझे क्षमा कर दीजिए। मैं भटक गया था। आप मुझे शरण में ले लीजिए।' भगवान बुद्ध ने उसे अपनी शरण में ले लिया और अपना शिष्य बना लिया।

बुद्ध और नालगिरी हाथी

बुद्ध का चचेरा भाई देवदत्त सदा ही बुद्ध को नीचा दिखाने की चेष्टा में लगा रहता था, मगर उसे हमेशा मुँह की ही खानी पड़ती थी।

एक बार बुद्ध जब कपिलवस्तु पहुँचे तो अनेक कुलीन शाक्यवंशी राजकुमार उनके अनुयायी बने। देवदत्त भी उनमें से एक था।

कुछ समय पश्चात् देवदत्त ने कुछ जादुई शक्तियाँ प्राप्त कीं और एक बार उनका प्रदर्शन मगध के भावी सम्राट अजातशत्रु के समक्ष किया। वहाँ वह एक शिशु के रूप में प्रकट हुआ, जिसने साँप की मेखला बाँधी हुई थी। तभी से अजातशत्रु उसे परम आदर की दृष्टि से देखा करता था।

कुछ दिनों के बाद देवदत्त मगध से लौटकर जब संघ में वापिस आया तो उसने स्वयं को बुद्ध से श्रेष्ठ घोषित किया और संघ का नेतृत्व करना चाहा। भिक्षुओं को बुद्ध से विमुख करने के लिए उसने यह कहा हैं कि बुद्ध तो बूढ़े हो चुके हैं और सठिया गये हैं। किन्तु भिक्षुओं ने जब उसकी कोई बात नहीं सुनी तो वह बुद्ध और संघ दोनों से द्वेष रखने लगा।

खिन्न होकर वह फिर वापिस मगध पहुँचा और अजातशत्रु को महाराज बिम्बिसार का वध करने के लिए प्रेरित किया क्योंकि बिम्बिसार बुद्ध और बौद्धों को सहारा देते थे। प्रारंभिक दौर में बिम्बिसार को मरवाने की उसकी योजना सफल नहीं हुई। अत: उसने सोलह धनुर्धारियों को बुद्ध को मारने के लिए भेजा। किन्तु बुद्ध के व्यक्तित्व से प्रभावित हो सारे उनके ही अनुयायी बन गये।

क्रोध में देवदत्त ने तब बुद्ध पर ग्रीधकूट पर्वत की चोटी से एक चट्टान लुढ़का दी, जिसे पहाड़ से ही उत्पन्न हो दो बड़े पत्थरों ने रास्ते में ही रोक दिया।

देवदत्त के क्रोध की सीमा न रही। उसने एक दिन मगध राज के अस्तबल में जाकर एक विशाल हाथी नालगिरी को ताड़ी पिलाकर बुद्ध के आगमन के मार्ग में भेज दिया। नालगिरी के आगमन से सड़कों पर खलबली मच गई और लोग जहाँ-तहाँ भाग खड़े हुए। तभी बुद्ध भी वहाँ से गुजरे। ठीक उसी समय एक घबराई महिला अपने बच्चे को हाथी के सामने ही छोड़ भाग खड़ी हुई। जैसे ही नालगिरि ने बच्चे को कुचलने के लिए अपने पैर बढ़ाये बुद्ध उसके ठीक सामने जा खड़े हुए। उन्होंने हाथी के सिर को थपथपाया। बुद्ध के स्पर्श से नालगिरि उनके सामने घुटने टेक कर बैठ गया।

नालगिरि हाथी की इस घटना से देवदत्त मगध में बहुत अप्रिय हुआ और उसे तत्काल ही नगर छोड़कर भागना पड़ा।

कल्याण मित्र

भगवान बुद्ध देव और मनुष्यों के शास्ता थे, परन्तु सबसे पहले वह मनुष्य थे। मनुष्य बढ़कर देवता बनता है, यह प्राचीन मान्यता थी, आज भी हम मनुष्यत्व के ऊपर देवत्व की बात करते है, परन्तु बुद्ध ने इस क्रम को पलट दिया। उन्होंने कहा-

"यह जो मनुष्यता है, वही देवताओं का सुगति प्राप्त करना कहलाती है।"

देवता जब सुगति प्राप्त करता है, तब वह मनुष्य बनता है। देवताओं में विलास है, राग, द्वेष, ईर्ष्या और मोह भी है। निर्वाण की साधना वहाँ नहीं हो सकती। इसके लिए देवताओं को मनुष्य बनना पड़ता है। मनुष्यों में ही देव पुरुष का आविर्भाव होता है, जिनको देवता नमस्कार करते है।

मानवता धर्म का उपदेश देने वाले बुद्ध स्वयं मानवता के जीते जागते रुप थे। यहाँ उनके जीवन से संबंधित कुछ प्रसंग दिये गए हैं, जिनसे उनके व्यक्तित्व में बैठी हुई गहरी मानवता का दर्शन होता है।

भगवान का परिनिर्वाण होने वाला है। रात का पिछला पहर है। भिक्षु उनकी शैया को घेरे बैठे हैं। बुद्ध उन्हें उपदेश दे रहे हैं।

कह रहे हैं-

"भिक्षुओं, बुद्ध धर्म और संघ के विषय में कुछ शंका हो तो पूछ लो, पीछे मलाल मत करना कि भगवान हमारे सामने थे, पर हम उनसे कुछ पूछ न सके।"

कोई शिष्य नहीं बोलता। भगवान तीन बार कहते हैं, पर कोई भिक्षु कुछ पूछने को नहीं उठता। भगवान को शंका होती है कि कहीं वे उनके गौरव का विचार करके पूछने में संकोच तो नहीं कर रहे! इसलिए वह कहते हैं-

"शायद भिक्षुओं, तुम मेरे गौरव के कारण नहीं पूछ रहे। जैसे मित्र मित्र से पूछता है, वैसे तुम मुझसे पूछो।"

बुद्ध अपने शिष्यों की समान भूमिका पर आ जाते है। उनकी यह विनम्रता मनुष्य-धर्म की आधर-भूमि है। बुद्ध ने अपने को भिक्षुओं का 'कल्याण मित्र' कहा है, जो उनकी मानवीय सहृदयता और विनम्रता को सूचित करता है।

एक दूसरा दृश्य भी उसी समय का है। चन्द कर्मारपुत्र के यहाँ बुद्ध ने अंतिम भोजन किया था। उसके बाद ही उन्हें खून गिरने की कड़ी बीमारी हो गई थी, जो उनके शरीरांत का कारण बनी। बुद्ध को चन्द कर्मारपुत्र हृदय का बड़ा ध्यान था। भक्त उपासक को यह अफसोस हो सकता था कि उसका भोजन करके ही भगवान का शरीर छूट गया। इसलिए आखिरी साँस लेने से पहले उन्होंने आनंद को आदेश दिया-

"आनंद, चन्द कर्मारपुत्र की इस चिन्ता को दूर करना और कहना, आयुष्मन तूने बड़ा लाभ कमाया कि तेरे भोजन को करके तथागत परिनिर्वाण को प्राप्त हुए।"

जिसके हृदय में अगाध करुणा थी, वह ऐसा क्यों न कहता?

गालियों का प्रभाव

महात्मा बुद्ध एक बार एक गाँव से गुजरे। वहाँ के कुछ लोग उनसे शत्रुता रखते थे। उन्होंने उन्हें रास्ते में घेर लिया। बेतहाशा गालियाँ देकर अपमानित करने लगे। बुद्ध सुनते रहे। जब वे थक गए तो बोले, आपकी बात पूरी हो गई हो, तो मैं जाऊं। वे लोग बड़े हैरान हुए। उन्होंने कहा- हमने तो तुम्हें गालियाँ दीं, तुम क्रोध क्यों नहीं करते?

बुद्ध बोले- तुमने देर कर दी। अगर दस साल पहले आए होते, तो मैं भी तुम्हें गालियाँ देता। तुम बेशक मुझे गालियाँ दो, लेकिन मैं अब गालियाँ लेने में असमर्थ हूँ। सिर्फ देने से नहीं होता, लेने वाला भी तो चाहिए। जब मैं पहले गाँव से निकला था, तो वहाँ के लोग भेंट करने मिठाइयाँ लाए थे, लेकिन मैंने नहीं लीं, क्योंकि मेरा पेट भरा था। वे उन्हें वापस ले गए।

बुद्ध ने थोड़ा रुककर कहा- जो लोग मिठाइयाँ ले गए, उन्होंने मिठाइयों का क्या किया होगा? एक व्यक्ति बोला - अपने बच्चों, परिवार और चाहने वालों में बाँटी होंगी। बुद्ध बोले- तुम जो गालियाँ लाए हो, उन्हें मैंने नहीं लिया। क्या तुम इन्हें भी अपने परिवार और चाहने वालों में बाँटोगे..?

बुद्ध के सारे विरोधी शर्मिन्दा हुए और वे बुद्ध के शिष्य बन गए।

धैर्य

महात्मा बुद्ध को एक सभा में भाषण देना था। जब समय हो गया तो महात्मा बुद्ध आए और बिना कुछ बोले ही वहाँ से चले गए। तकरीबन 150 के करीब श्रोता थे। दूसरे दिन तकरीबन 100 लोग थे पर फिर उन्होंने ऐसा ही किया बिना बोले चले गए। इस बार पचास कम हो गए।

तीसरा दिन हुआ 60 के करीब लोग थे महात्मा बुद्ध आए, इधर – उधर देखा और बिना कुछ कहे वापिस चले गए। चौथा दिन हुआ तो कुछ लोग और कम हो गए तब भी नहीं बोले। जब पाँचवा दिन हुआ तो देखा सिर्फ़ चौदह लोग थे। महात्मा बुद्ध उस दिन बोले और चौदोहों लोग उनके साथ हो गए।

किसी ने महात्मा बुद्ध को पूछा आपने चार दिन कुछ नहीं बोला। इसका क्या कारण था। तब बुद्ध ने कहा मुझे भीड़ नहीं काम करने वाले चाहिए थे। यहाँ वो ही टिक सकेगा जिसमें धैर्य हो। जिसमें धैर्य था वो रह गए।

केवल भीड़ ज्यादा होने से कोई धर्म नहीं फैलता है। समझने वाले चाहिए, तमाशा देखने वाले रोज इधर-उधर ताक-झाँक करते है। समझने वाला धीरज रखता है। कई लोगों को दुनिया का तमाशा अच्छा लगता है। समझने वाला शायद एक हज़ार में एक ही हो, ऐसा ही देखा जाता है।

अछूत कौन?

महात्मा बुद्ध प्रवचन सभा में आकर मौन बैठ गये। शिष्य समुदाय उनके इस मौन के कारण चिंतित हुए कि कहीं वे अस्वस्थ तो नहीं है। आखिर एक शिष्य ने पूछ ही लिया, "भगवन! आप आज इस तरह मौन क्यों हैं?" वे नहीं बोले तो दूसरे शिष्य ने फिर पूछा-" गुरुदेव ! आप स्वस्थ तो हैं?" बुद्ध फिर भी मौन ही बैठे रहे।

इतने में बाहर से एक व्यक्ति ने जोर से पूछा -"आज आपने मुझे धर्मसभा में आने की अनुमति क्यों नहीं दी?"

बुद्ध ने कोई उत्तर नहीं दिया और आँखें बन्दकर ध्यानमग्न हो गये। वह बाहर खड़ा व्यक्ति और जोर से बोला- "मुझे धर्मसभा में क्यों नहीं आने दिया जा रहा है?"

धर्मसभा में बैठे बुद्ध के शिष्यों में से एक ने उसका समर्थन करते हुए कहा- "भगवन! उसे धर्मसभा में आने की अनुमति प्रदान कीजिये।"

महात्मा बुद्ध ने आँखें खोलीं और बोले- "नहीं, उसे अनुमति नहीं दी जा सकती है क्योंकि वह अछूत है।"

"अछूत ! मगर क्यों?" सारे शिष्य सुनकर आश्चर्य में पड़ गये कि बुद्ध यह छुआछूत कब से मानने लग गये?

महात्मा बुद्ध ने शिष्य समुदाय के मन के भावों को ताड़ते हुए कहा हाँ, वह अछूत है। वह आज अपनी पत्नी से लड़कर आया है। क्रोध से जीवन की शांति भंग होती है। क्रोधी व्यक्ति मानसिक हिंसा करता है। इस क्रोध के कारण ही शारीरिक हिंसा होती है। क्रोध करने वाला अछूत होता है क्योंकि उसकी विचार तरंगें दूसरों को भी प्रभावित करती हैं। उसे आज धर्मसभा से बाहर ही रहना चाहिए। उसे वहाँ खड़े रहकर पश्चाताप की अग्नि में तप कर शुद्ध होना चाहिए।"

शिष्यगण समझ गये कि अस्पृश्यता क्या है और अछूत कौन है।

उस व्यक्ति को भी बहुत पश्चाताप हुआ। उसने कभी भी क्रोध न करने का प्रण लिया। बुद्ध ने उसे धर्मसभा में आने की अनुमति प्रदान की।

कन्या अछूत नहीं

एक बार वैशाली के बाहर धर्म प्रचार के लिए जाते हुए गौतम बुद्ध ने देखा कि कुछ सैनिक तेज़ी से भागती हुई एक लड़की का पीछा कर रहे हैं। वह डरी हुई लड़की एक कुएँ के पास जाकर खड़ी हो गई। वह हाँफ रही थी और प्यासी भी थी। बुद्ध ने उस बालिका को अपने पास बुलाया और कहा कि वह उनके लिए कुएँ से पानी निकाले, स्वयं भी पिए और उन्हें भी पिलाये। इतनी देर में सैनिक भी वहाँ पहुँच गये। बुद्ध ने उन सैनिकों को हाथ के संकेत से रुकने को कहा। उनकी बात पर वह कन्या कुछ झेंपती हुई बोली 'महाराज! मै एक अछूत कन्या हूँ। मेरे कुएँ से पानी निकालने पर जल दूषित हो जायेगा।'

बुद्ध ने उससे फिर कहा 'पुत्री, बहुत ज़ोर की प्यास लगी है, पहले तुम पानी पिलाओ।'

इतने में वैशाली नरेश भी वहाँ आ पहुँचे। उन्होंने बुद्ध को नमन किया और सोने के बर्तन में केवड़े और गुलाब का सुगन्धित पानी पेश किया। बुद्ध ने उसे लेने से इंकार कर दिया। बुद्ध ने एक बार फिर बालिका से अपनी बात कही। इस बार बालिका ने साहस बटोरकर कुएँ से पानी निकालकर स्वयं भी पिया और गौतम बुद्ध को भी

पिलाया। पानी पीने के बाद बुद्ध ने बालिका से भय का कारण पूछा। कन्या ने बताया मुझे संयोग से राजा के दरबार में गाने का अवसर मिला था। राजा ने मेरा गीत सुन मुझे अपने गले की माला पुरस्कार में दी। लेकिन उन्हें किसी ने बताया कि मैं अछूत कन्या हूँ। यह जानते ही उन्होंने अपने सिपाहियों को मुझे कैदखाने में डाल देने का आदेश दिया। मैं किसी तरह उनसे बचकर यहाँ तक पहुँची थी।

इस पर बुद्ध ने कहा, सुनो राजन! यह कन्या अछूत नहीं है, आप अछूत हैं। जिस बालिका के मधुर कंठ से निकले गीत का आपने आनंद उठाया, उसे पुरस्कार दिया, वह अछूत हो ही नहीं सकती। गौतम बुद्ध के सामने वह राजा लज्जित हो गया।

गिलहरी और बुद्ध

भगवान बुद्ध आत्मज्ञान की खोज में तपस्या कर रहे थे। उनके मन में विभिन्न प्रकार के प्रश्न उमड़ रहे थे। उन्हें प्रश्नों का उत्तर चाहिए था लेकिन अनेक प्रयासों के बाद भी उन्हें सफलता नहीं मिली।

वे आत्मज्ञान की प्राप्ति के लिए कठोर तपस्या करने लगे। अनेक कष्ट सहन किए, कई स्थानों की यात्राएँ कीं परंतु जो समाधान उन्हें चाहिए था, वह उन्हें मिला नहीं।

एक दिन उनके मन में कुछ निराशा का संचार हुआ। सोचने लगे, धन, माया, मोह और संसार की समस्त वस्तुओं का भी त्याग कर दिया। फिर भी आत्मज्ञान की प्राप्ति नहीं हुई। क्या मैं कभी आत्मज्ञान प्राप्त कर सकूँगा? मुझे आगे क्या करना चाहिए ?

इसी प्रकार के अनेक प्रश्न बुद्ध के मन में उठ रहे थे। तपस्या में सफलता की कोई किरण दिखाई नहीं दे रही थी और इधर बुद्ध ने प्रयासों में कोई कमी नहीं छोड़ी थी। वे उदास मन से इन्हीं प्रश्नों पर मंथन कर रहे थे।

इसी दौरान उन्हें प्यास लगी। वे अपने आसन से उठे और जल पीने के लिए सरोवर के पास गए। वहाँ उन्होंने एक अद्भुत दृश्य देखा।

एक गिलहरी मुँह में कोई फल लिए सरोवर के पास आई। फल उससे छूटकर सरोवर में गिर गया। गिलहरी ने देखा, फल पानी की गहराई में जा रहा है।

गिलहरी ने पानी में छलांग लगी दी। उसने अपना शरीर पानी में भिगोया और बाहर आ गई। बाहर आकर उसने अपने शरीर पर लगा पानी झाड़ दिया और पुनः सरोवर में कूद गई।

उसने यह क्रम जारी रखा। बुद्ध उसे देख रहे थे लेकिन गिलहरी इस बात से अनजान थी। वह लगातार अपने काम में जुटी रही। बुद्ध सोचने लगे, ये कैसी गिलहरी है! सरोवर का जल यह कभी नहीं सुखा सकेगी लेकिन इसने हिम्मत नहीं हारी। यह पूरी शक्ति लगाकर सरोवर को खाली करने में जुटी है।

अचानक बुद्ध के मन में एक विचार का उदय हुआ- यह तो गिलहरी है, फिर भी अपने लक्ष्य को प्राप्त करने में जुटी है। मैं तो मनुष्य हूँ। आत्मज्ञान प्राप्त नहीं हुआ तो मन में निराशा के भाव आने लगे। मैं पुनः तपस्या में जुट जाऊंगा।

इस प्रकार महात्मा बुद्ध ने गिलहरी से भी शिक्षा प्राप्त की और तपस्या में जुट गए। एक दिन उन्हें आत्मज्ञान प्राप्त हो गया और वे भगवान बुद्ध हो गए।

बीता हुआ कल

बुद्ध भगवान एक गाँव में उपदेश दे रहे थे। उन्होंने कहा कि “हर किसी को धरती माता की तरह सहनशील तथा क्षमाशील होना चाहिए। क्रोध ऐसी आग है जिसमें क्रोध करने वाला दूसरों को जलाएगा तथा खुद भी जल जाएगा।”

सभा में सभी शान्ति से बुद्ध की वाणी सुन रहे थे, लेकिन वहाँ स्वभाव से ही अतिक्रोधी एक ऐसा व्यक्ति भी बैठा हुआ था जिसे ये सारी बातें बेतुकी लग रही थी। वह कुछ देर ये सब सुनता रहा फिर अचानक ही आग-बबूला होकर बोलने लगा, “तुम पाखंडी हो। बड़ी-बड़ी बातें करना- यही तुम्हारा काम है। तुम लोगों को भ्रमित कर रहे हो। तुम्हारी ये बातें आज के समय में कोई मायने नहीं रखतीं।”

ऐसे कई कटु वचनों को सुनकर भी बुद्ध शांत रहे। उसकी बातों से ना तो वह दुखी हुए, ना ही कोई प्रतिक्रिया की; यह देखकर वह व्यक्ति और भी क्रोधित हो गया और बुद्ध के मुँह पर थूक कर वहाँ से चला गया।

अगले दिन जब उस व्यक्ति का क्रोध शांत हुआ तो वह अपने बुरे व्यवहार के कारण पछतावे की आग में जलने लगा और वह उन्हें ढूँढते

हुए उसी स्थान पर पहुँचा, पर बुद्ध कहाँ मिलते वह तो अपने शिष्यों के साथ पास वाले एक अन्य गाँव निकल चुके थे।

व्यक्ति ने बुद्ध के बारे में लोगों से पुछा और ढूँढते-ढूँढते जहाँ बुद्ध प्रवचन दे रहे थे वहाँ पहुँच गया। उन्हें देखते ही वह उनके चरणो में गिर पड़ा और बोला, "मुझे क्षमा कीजिए प्रभु !"

बुद्ध ने पूछा : कौन हो भाई? तुम्हे क्या हुआ है? क्यों क्षमा मांग रहे हो ?"

उसने कहा : "क्या आप भूल गए। ...मै वही हूँ जिसने कल आपके साथ बहुत बुरा व्यवहार किया था। मै शर्मिन्दा हूँ। मैं मेरे दुष्ट आचरण की क्षमा-याचना करने आया हूँ।"

भगवान बुद्ध ने प्रेमपूर्वक कहा : "बीता हुआ कल तो मैं वहीं छोड़कर आया गया और तुम अभी भी वहीं अटके हुए हो। तुम्हे अपनी गलती का आभास हो गया, तुमने पश्चाताप कर लिया; तुम निर्मल हो चुके हो; अब तुम आज में प्रवेश करो। बुरी बातें तथा बुरी घटनाएँ याद करते रहने से वर्तमान और भविष्य दोनों बिगड़ते जाते है। बीते हुए कल के कारण आज को मत बिगाड़ो।"

उस व्यक्ति का सारा बोझ उतर गया। उसने भगवान बुद्ध के चरणों में पड़कर क्रोध त्याग का तथा क्षमाशीलता का संकल्प लिया; बुद्ध ने उसके मस्तक पर आशीष का हाथ रखा। उस दिन से उसमें परिवर्तन आ गया, और उसके जीवन में सत्य, प्रेम व करुणा की धारा बहने लगी।

मित्रो, बहुत बार हम भूत में की गयी किसी गलती के बारे में सोच कर बार-बार दुखी होते और खुद को कोसते हैं। हमें ऐसा कभी नहीं

करना चाहिए, गलती का बोध हो जाने पर हमे उसे कभी ना दोहराने का संकल्प लेना चाहिए और एक नयी ऊर्जा के साथ वर्तमान को सुदृढ़ बनाना चाहिए।